L'Esprit dans la musique

Camille Bellaigue

© 2024, Camille Bellaigue (domaine public)
Édition : BoD • Books on Demand GmbH,
In de Tarpen 42, 22848 Norderstedt (Allemagne)
Impression : Libri Plureos GmbH, Friedensallee 273,
22763 Hamburg (Allemagne)
ISBN : 978-2-3225-4355-7
Dépôt légal : Août 2024

L'ESPRIT DANS LA MUSIQUE

La musique a de l'esprit. Il est peu de facultés, ou de dons, qu'on s'accorde mieux à lui reconnaître. Dans toute l'histoire de notre art, je ne vois pas un chef-d'œuvre qu'on puisse définir d'un mot, comme on définit en l'appelant « spirituel, » *le Barbier de Séville* de Rossini. Et notez que ce mot suffit, que l'esprit fait seul toute la beauté de l'ouvrage ; nulle autre qualité ne s'y mêle ; il est tout esprit, rien qu'esprit.

Les « athées de l'expression, » comme le regretté Lévêque appelait ceux qui ne croient qu'à la beauté purement objective et spécifique des sons, ne sauraient eux-mêmes nier que la musique exprime, avec une force incroyable, la joie et la douleur. Elle touche ainsi les deux pôles de l'âme. Or, il semble bien que l'esprit soit le mode le plus léger et le plus brillant, la fleur ou la flamme de la joie. La joie, il est vrai, peut être grossière, ou sotte, et par définition l'esprit ne saurait être cette joie. Il n'est pas non plus l'allégresse héroïque et guerrière. Il ne ressemble pas davantage à l'enthousiasme religieux. Il n'a rien de commun avec le contentement sérieux, austère, et je dirais métaphysique, que répand en nous le thème du finale de la *Symphonie avec chœurs*. Enfin l'esprit n'est jamais, en musique, une joie malveillante et mauvaise, car la musique est incapable, non de malice, mais de méchanceté.

L'esprit musical n'est rien de tout cela. Qu'est-il donc ? Nous essaierons, en ces quelques pages, d'en étudier la nature, les nuances et les degrés.

I

Voltaire, qui s'y connaissait, a défini l'esprit en ces termes : « Ce qu'on appelle l'esprit est tantôt une comparaison nouvelle, tantôt une allusion fine ; ici, c'est l'abus d'un mot qu'on présente dans un sens et qu'on laisse entendre dans un autre ; là, un rapport délicat entre deux idées peu communes ; c'est une métaphore singulière ; c'est une recherche de ce qu'un objet ne présente pus d'abord, mais de ce qui est en effet dans lui ; c'est l'art ou de réunir deux choses éloignées ou de diviser deux choses qui paraissent se joindre, ou de les opposer l'une à l'autre ;

c'est celui de ne dire qu'à moitié sa pensée pour la laisser deviner. Enfin, je vous parlerais de toutes les différentes façons d'avoir de l'esprit, si j'en avais davantage. »

Parmi ces façons différentes, ou ces menus procédés de l'esprit, il n'y en a peut-être pas un qui ne se transpose de lui-même et ne se retrouve naturellement dans l'ordre de la musique.

La musique imitative n'est-elle pas en quelque sorte ouvrière de comparaisons et d'images, quand elle assortit les formes sonores aux idées, voire aux objets qu'elle veut rendre ? Haydn assurait en riant que, dans *la Création*, l'accord *pizzicato* qui précède l'apparition de la lumière représentait assez bien le Père Eternel battant le briquet avec une pierre à feu. Si le Falstaff de Verdi célèbre en sa propre personne l'abondance et la gloire de la chair, la musique, et toute la musique, orchestre et voix, s'enfle et se travaille « pour égaler l'animal en grosseur. » Dans *Falstaff* toujours, lorsque Quickly, la rusée messagère, aborde et salue le héros, l'inflexion du seul mot : « *Révérence !* » reproduit comme une comparaison, comme une image sonore, non seulement la malice, mais le geste même et la courbe de ce spirituel abord.

L'allusion se rencontre à tout moment dans la musique. L'œuvre d'un Haydn et d'un Mozart abonde en allusions légères, en phrases, en fragmens de phrase, en notes même qui ne font qu'en rappeler d'autres, en se jouant. C'est une allusion, plutôt pathétique, il est vrai, mais pourtant une allusion, que la fameuse rentrée par anticipation dans le premier morceau de la *Symphonie héroïque*. Une allusion encore, ironique, insolente, ramène dans la sérénade chantée par Don Juan, pour une chambrière, les notes mêmes que pour l'épouse l'hypocrite époux vient de soupirer. L'allusion, enfin, n'est-elle pas devenue l'un des élémens, et des plus féconds, de la musique, depuis que la musique est surtout symphonie ? Le rappel de motif, le *leitmotiv* même n'est guère autre chose au fond que l'allusion érigée en principe ou en système. Cent exemples empruntés à Wagner en rappelleraient la puissance ; un seul peut-être en montrerait la finesse et l'esprit : je veux parler du motif ridicule de Beckmesser et de sa course ou plutôt de sa fuite éperdue et pitoyable à travers le finale du second acte des *Maîtres Chanteurs*.

Ainsi que la parole abuse d'un mot, la musique sait abuser d'un son, le présenter dans un sens et le laisser entendre dans un autre. L'enharmonie consiste précisément dans le double emploi, dans l'usage à deux fins d'une même note ou d'une même forme commune à deux tonalités, c'est-à-dire à deux ordres différens. Dans une étude sur la *Psychologie du calembour*, nous avons lu naguère cette ingénieuse théorie de la modulation : « L'équivoque sur un son, sur une suite de sons, sur un accord ou une suite d'accords, est la base et la condition de la modulation. Nous retrouvons, doué d'une fécondité rare, ce procédé qui se fonde sur l'association de plusieurs systèmes d'idées (ici de représentations musicales) autour du même son, et qui consiste à passer de l'un à l'autre avec plus ou moins d'àpropos. La modulation est une sorte de jeu de sons analogue à un jeu de mots qui serait soumis aux lois d'une logique supérieure[1]. » Et sans doute le « jeu de sons » peut être charmant, ou sublime ; il arrive aussi qu'il soit comique, et que l'esprit, l'esprit seul, fasse la valeur et la beauté d'une modulation.

« L'art de réunir deux choses éloignées, » et par exemple deux notes extrêmes de la voix, donne la force comique à certaines intonations de Figaro, de Leporello, de Basile. Quant à la « recherche de ce qu'un objet ne présente pas d'abord, mais de ce qui est en effet dans lui, » ne serait-ce pas là précisément ce qui constitue la variation et même le développement ? La musique a mille manières de redire autrement ce qu'une première fois elle a dit. D'un thème ou d'une idée musicale, Beethoven arrache tout ce qu'elle enferme de passionné et de tragique ; Haydn et Mozart lui dérobent tout ce qu'elle a de grâce, de verve et de gaîté. Il n'est pas jusqu'à ces variations, les plus simples de toutes, que les anciens appelaient des « doubles, » d'où les Haendel et les Rameau ne tirent des étincelles. Dans le thème plus lent elles étaient cachées et comme en puissance, à coups redoublés, la variation les en fait jaillir. L'effet augmente en proportion de la vitesse et l'esprit des *Niais de Sologne*, par exemple, s'accroît et s'avive de plus en plus dans le premier et le second « double des *Niais*. »

Si l'esprit enfin est « un rapport délicat, » quel esprit n'aura pas la musique, où la délicatesse des rapports n'a d'égale que leur variété ! Où trouverions-nous, entre quels mots, et de quelle poésie, des relations comparables, en nombre comme en finesse, à celles que la polyphonie des voix ou des instrumens, le contrepoint et la fugue, établissent entre les sons ? Plus encore que les rapports d'analogie, les rapports d'opposition peuvent être spirituels. Musset a bien senti le contraste que font ensemble, dans la sérénade de *Don Juan*, l'accompagnement qui raille et la mélodie qui soupire. Certain duo du *Déserteur*, entre Montauciel et le « Grand cousin, » fournirait un autre exemple de ces piquantes antithèses où la musique, et la musique seule, a le don de réunir les contradictoires, et de les concilier.

Elle se plaît encore à de plus simples et non moins spirituelles antinomies. Elle rapproche soudain les modes et les timbres. Passe-t-elle du majeur en mineur, c'est quelquefois sans raison et seulement par ironie. Dans un concert de soprani légers, pour les interrompre et comme pour les interdire, elle jette à l'improviste quelques notes basses de contralto. Elle contraint à des traits rapides la lourdeur et la gravité de certains instrumens et de certaines voix. Il n'est pas jusqu'à l'ordre du rythme qu'elle ne s'amuse à renverser, et la syncope, — qui n'est que la mesure battue à contretemps, — la syncope elle-même peut avoir de l'esprit. D'où vient à certaine symphonie de Haydn ce nom : *la Surprise,* qu'elle a toujours porté ? C'est peut-être que pendant l'*andante,* après l'exposé du motif le plus paisible, un accord de septième éclate inopinément et comme pour faire peur. Oh ! pas une peur bien terrible ! et le petit thème, si timide qu'il soit, en est vite revenu Voilà « la surprise. » Cela n'est pas méchant et, surtout en paroles, cela peut sembler ingénu. Mais c'est charmant en musique ; c'est encore un « rapport délicat, » c'est encore et toujours de l'esprit.

II

Sainte-Beuve a dit quelque part en parlant de Beaumarchais : « Je prends le mot d'esprit avec l'idée de source et de jet perpétuel. » Il faut le prendre de même quand on parle de musique, et justement de la musique écrite sur les deux chefs-d'œuvre de Beaumarchais. Une chose étonne, c'est que Beaumarchais, musicien pourtant, ait déclaré la musique incapable de ce genre l'esprit. A ceux qui s'étonnaient qu'il n'eût pas fait un opéra-comique du *Barbier de Séville,* la pièce étant d'un genre à comporter la musique, on sait les raisons qu'il donna : « Notre musique dramatique ressemble trop encore à notre musique chansonnière, pour en attendre un véritable intérêt ou de la gaîté franche… Moi qui ai toujours chéri la musique sans inconstance et même sans infidélité, souvent, aux pièces qui m'attachent le plus, je me surprends à pousser de l'épaule, à dire tout bas avec humeur : « Eh ! va donc, musique ! N'es-tu pas assez lente ? Au lieu de narrer vivement, tu rabâches. Au lieu de peindre la passion, tu t'accroches aux mots. Le poète se tue à serrer l'événement, et toi tu le délayes. Que lui sert de rendre son style énergique et pressé, si tu l'ensevelis sous d'inutiles fredons ? Avec ta stérile abondance, reste, reste aux chansons pour toute nourriture, jusqu'à ce que tu connaisses le langage sublime et tumultueux des passions. »

Au défi que l'auteur du *Barbier de Séville* et du *Mariage de Figaro* portait à la musique, aux reproches de stérile abondance et surtout de lenteur, la musique des *Noces* et du *Barbier* n'a pas trop mal répondu.

Il semble bien que l'esprit musical d'un Mozart, d'un Rossini plus encore, ait pour élément principal, — je ne dis pas unique, — le mouvement. La musique tire du mouvement des effets autrement variés et puissans que ne fait la parole. Elle se meut l'abord dans un plus large espace ; elle monte plus haut et descend ou tombe plus bas. Mais surtout elle se meut avec plus de rapidité. La voix ne saurait parler, sous peine de devenir inintelligible, aussi vite qu'elle chante ou que joue un instrument. Les vocalises, les traits, qui peuvent être spirituels, sont des élémens de musique pure. C'est à l'infini que la musique multiplie et précipite les sons. Elle crible en quelque sorte l'espace de points lumineux et mobiles. Sans perdre un quart de seconde, elle divise, éparpille le temps en parcelles brèves ; on dirait que toutes vibrent et vivent, qu'elles miroitent et scintillent toutes. De ces deux « soleils tournans » que sont *le Barbier* de Beaumarchais et celui de Rossini, le dernier peut-être tourne encore le plus vite et jette le plus de feux. Un *presto* comme l'air d'entrée de Figaro : *Largo al fattotum della città !* un allegro tel que l'air de Rosine, l'air même de *la Calomnie* et le fameux quintette : *Buona sera !*

nous enferment littéralement en des cercles de joie. Ainsi l'esprit dans la musique est la vitesse. Il peut être aussi la vitesse brusquement ralentie : un retard, un arrêt soudain, que suspend la cadence ou le trait final, qui le prépare, l'aiguise et le fait plus attendre pour le faire sentir mieux.

La musique ne se meut pas seulement plus vite que la parole : elle a cet autre avantage de pouvoir combiner ensemble divers mouvemens. Les personnages de la comédie parlée n'ont d'esprit que tour à tour ; ceux de la comédie musicale en ont au besoin tous à la fois. Ils en ont tantôt les uns avec les autres et comme les autres : rappelez-vous cet éclat de rire unanime qu'est le finale à l'unisson du *Barbier* ; tantôt les uns contre les autres ; non plus alors par la concordance, mais par le conflit des mouvemens : témoin tel ou tel finale de Cimarosa et le prodigieux finale des *Noces* ; plus près de nous, avec plus de puissance et de complexité, la bagarre des *Maîtres Chanteurs*, et, dans *Falstaff*, cette course de l'orchestre et des voix qu'est le délicieux finale du panier.

La musique enfin, qui précipite et multiplie le mouvement, excelle aussi à le soutenir et à le prolonger. Sans rien ôter à la vivacité d'une situation, d'un effet, d'un mot, elle en accroît la durée. Elle a pour cela des ressources d'une richesse infinie. Un couplet assez bref du Sganarelle de Molière devient le grand air du Leporello de Mozart. Et rappelez-vous ce court dialogue de Suzanne et de la Comtesse :

« Chanson nouvelle sur l'air : « *Qu'il fera bon ce soir sous les grands marronniers* !… Qu'il fera bon ce soir.

— Sous les grands marronniers… Après ?

— Crains-tu qu'il ne t'entende pas ?

— C'est juste. » (*Elle plie le billet.*)

De ces quatre répliques, Mozart fait un duo dans l'esprit de la situation et des personnages, mais dans un esprit que la continuité du mouvement et du rythme, l'enroulement de la mélodie entretient et renouvelle jusqu'au bout. Ailleurs, lorsque la Suzanne de Beaumarchais sort du cabinet où le Comte croyait trouver le page, elle n'a pour son maître que deux mots de raillerie : « *Je le tuerai ! Je le tuerai !*… Tuez-le donc, ce méchant page ! » La Suzanne de Mozart est plus cruelle ; elle l'est du moins avec plus de complaisance. C'est une longue phrase qu'elle chante, une phrase impitoyable, où l'ironie se distille en notes piquées, s'étale en notes tenues, en cadences moelleuses et largement épanouies. Le sentiment s'accroît et s'avive au fur et à mesure que la mélodie se développe. Ainsi la musique, loin de rien délayer, comme Beaumarchais l'en accusait jadis, renforce, redouble tout, et, dans l'ordre de l'esprit, aussi bien qu'ailleurs dans l'ordre de la passion, elle sait ici, mieux que la parole, arrêter « l'instant, qui est si beau. »

Spirituelle par le mouvement, la musique peut l'être encore par le rythme ou l'intonation, par les modes et par les timbres.

Si le timbre est la couleur des sons, il faut reconnaître que la palette la plus riche n'appartient pas au poète, mais au musicien. De quels tons, de quelles nuances les quatre voix humaines et les voix sans nombre de l'orchestre ne disposent-elles pas ? La bouffonnerie de certaines symphonies dites burlesques (il en est de Haydn) tient pour une grande part à la sonorité familière ou triviale, plaisante ou ridicule des instrumens employés. Le *Wallenstein* de M. Vincent d'Indy renferme, si j'ai bonne mémoire, un sermon prêché par des bassons goguenards, qui pourrait bien être la seule inspiration comique d'un maître habituellement sérieux. Plus français, voire gaulois, Gounod s'est permis, dans *le Médecin malgré lui*, quelques effets d'instrumentation pour ainsi dire physiologique ou naturelle, dont la prose même de Molière n'égale pas la fidélité.

L'esprit, en musique, peut tenir à l'intonation, à l'intervalle plus ou moins étendu que franchit la voix. Gounod encore sut donner à telle phrase de son Sganarelle : *Messieurs, je ne suis pas médecin, je vous jure* ! une inflexion non moins spirituelle, et par les mêmes moyens, que la protestation, tremblante et piteuse aussi de Leporello, surpris et battu sous le manteau de son maître.

Il n'est pas jusqu'aux modes eux-mêmes qui n'aient de l'esprit, et du plus délicat. Sur le début du duo célèbre entre Suzanne et le Comte, sur les adieux et le baiser du page à Suzanne, avant le saut par la fenêtre, le majeur et le mineur alternés font comme des jeux de lumière et d'ombre, de malice et de sérieux, presque de mélancolie.

Le rythme enfin, sans être un facteur suffisant de l'esprit musical, en est du moins un facteur nécessaire. C'est le rythme qui, dans *la Dame blanche* (trio du second acte), donne tant d'affectueux empressement à l'entrée de la vieille servante, et, dans *le Barbier de Séville*, tant d'élégante incertitude à la démarche faussement avinée et soldatesque du comte Almaviva. Le rythme sans doute n'est pas toujours spirituel, et même il peut être grossier ; mais il est permis d'affirmer, croyons-nous, que là où il n'y a pas de rythme, il ne saurait y avoir d'esprit. La partition des *Maîtres Chanteurs* est l'œuvre la plus spirituelle de Wagner, et cela ne signifie pas qu'elle ait tout l'esprit que d'aucuns lui trouvent. Elle est également, — et de beaucoup, — celle où les formes rythmiques ont le plus de fermeté, de carrure et de précision. Le rythme, avec la mélodie, faisait le fond ou plutôt l'âme, l'âme robuste et joyeuse du vieil opéra bouffe italien. Il fut, avec moins de puissance et de vie, l'âme plus sensible, mais vive et légère aussi, de notre opéra-comique français. Et c'est peut-être parce que le rythme s'affaiblit et se perd dans la musique de nos jours, que l'esprit languit en elle et que le rire s'y éteint.

III

L'esprit de la musique ne consiste pas seulement dans le mouvement extérieur et dans une vivacité qu'on pourrait croire un peu superficielle. Il va plus loin et plus au fond :

jusqu'à la représentation comique de l'humanité et de la vie. Spirituels ou bouffons, certains personnages existent par les sons autant et quelquefois plus que par les mots.

La Servante maîtresse, qui tient une si grande place dans l'évolution ou plus exactement à l'origine d'un genre : l'opéra-comique, a plus d'importance encore dans l'histoire de la psychologie musicale. C'est une admirable comédie, — en musique et par la musique, — non pas d'intrigue ou d'action, mais de caractères. C'est le premier duo, voire le premier duel, risible et pitoyable à la fois, non pas entre « la bonté d'homme, » mais entre la faiblesse ou la lâcheté masculine et sénile, et « la ruse de femme ; » c'est la première confrontation de ces deux types éternels : le vieillard amoureux et la jeune coquette. La musique de Pergolèse a traité le sujet avec autant, sinon plus d'ironie, d'amertume, d'âpreté même, que ne l'avait fait la poésie de Molière dans *l'École des Femmes* ou que ne devait le faire, dans *le Barbier de Séville*, la prose de Beaumarchais.

Qui ne voit également tout ce que la musique de Mozart, après avoir transformé, transfiguré même certains personnages de *la Folle journée,* ajoute encore à tel ou tel caractère de *Don Juan* ? « Monsieur, dit au séducteur la Charlotte de Molière, tout ça est trop bien dit pour moi et je n'ai pas d'esprit pour vous répondre. » Que d'esprit, au contraire, a Zerline, répondant soit à Don Juan, soit à Mazetto. Dans le duetto, *La ci darem,* avec Don Juan, à la fin de l'*andante* et sur ces mots répétés : *Ah ! non mi sento forte !* rappelez-vous la dégradation, le glissement de la voix qui refuse et promet tout ensemble, et ce frôlement chromatique des notes, cette restriction des intervalles, aussi spirituelle que peut l'être en d'autres cas, et pour dire autre chose, leur étendue ou leur écart.

L'air célèbre : *Batti, batti, bel Mazetto* ! est encore un chef-d'œuvre d'esprit féminin, de soumission feinte et de souriante malice. L'héroïne de Mozart triomphe ici comme celle de Pergolèse, mais avec des grâces assouplies et détendues. Le rythme, autant que la mélodie, a perdu sa rigueur primitive. Il plaît à Zerline d'être battue ; elle le déclare du moins, certaine qu'elle ne le sera pas. Et de quel regard elle détourne les coups ! Comme l'œillade monte, furtive et câline, avec la voix ! Comme cette voix se fait humble et petite, mais, sous cette humilité, quelle assurance se cache, et quel défi, que la faiblesse de l'homme, cette fois non plus, ne relèvera pas ! La seconde reprise de l'air en est pour ainsi dire une variante musicale et morale en même temps. L'accompagnement continu du violoncelle donne à l'arabesque sonore une prenante et presque mordante douceur, et, portée par ce flot léger, la coquette mélodie glisse, coule, fuit, pareille à la nymphe de Virgile, qui souhaitait d'être vue, et même poursuivie.

L'esprit, qui n'est que de finesse dans le rôle de Zerline, atteint à la puissance en certains passages du rôle de Leporello : « Un mariage ne lui coûte rien à contracter, il ne se sert point d'autres pièges pour attraper les belles, et c'est un épouseur à toutes mains. Dame, demoiselle, bourgeoise, paysanne, il ne trouve rien de trop chaud ni de trop froid pour lui, et si je te disais le nom de toutes celles qu'il a épousées en divers lieux, ce serait un chapitre à durer jusques au soir[2]. » Voilà la matière ou le thème du fameux air de Leporello : *Madamina, il catalogo è questo*. Mais ce thème un peu court, cette matière un peu sèche, la musique pouvait tout et a tout fait pour le varier et l'élargir.

Pour l'élargir d'abord. La première phrase est admirable d'ampleur. Dès qu'elle débute, ou qu'elle « part, » c'est pour longtemps qu'on la sent partie. Elle ne comprend pas moins de quinze mesures à quatre temps ; avec deux croches (à l'orchestre) pour chaque temps. Ainsi la mélodie est, par la durée, d'un comique abondant et pour ainsi dire grandiose ; par la multiplicité des valeurs brèves, elle est d'un comique léger. Voici que Leporello déroule sa liste d'amour. Cette musique vraiment abonde en images sonores. Elle arrive à donner l'impression du nombre ou plutôt de l'innombrable. Les thèmes ironiques et gouailleurs surgissent en foule. Un essaim de rivales accourt, assiège la pauvre Elvire. Il en vient de partout et de tous les coins de l'orchestre ; les unes montant et les autres descendant, elles se croisent, comme les gammes. Avec une impitoyable ironie, la mélodie les énumère. Elle énonce gaîment les chiffres, jusqu'à ce « redoutable bataillon de l'armée d'Espagne, » à ce *mille e tre,* pour lequel elle garde naturellement son éclat suprême et comme son dernier coup.

Après la quantité, c'est la qualité que décrit la musique ; c'est la condition après la patrie. Et le pêle-mêle féminin recommence :

Les vers ont de la vivacité sans doute. Il leur manque ce que la musique seule peut donner : ce mouvement continu que l'orchestre entretient pendant les silences de la voix ; et surtout cette ascension progressive, cette superposition des périodes sonores, ouvrant tour à tour des espaces ou des perspectives que les notes innombrables remplissent et peuplent aussitôt Chaque figure est dessinée, modelée par les sons. S'agit-il de *la piccina* (la petite), la voix s'abaisse et se réduit ; vient-elle à célébrer « la jeune commençante (*la giovine principiante*) » c'est d'un ton mystérieux et comme à huis clos. Jusqu'à la fin de l'air, toutes les grâces, toutes les beautés de la femme passent ainsi devant nous, raillées, profanées par la verve cynique d'un valet. Et quand nous aurons noté le dernier trait, l'allusion personnelle et libertine : *Voi... sapete... quel... che fa* ; « Vous savez... comme... il s'y prend »(et cette traduction n'est pas littérale), alors nous constaterons une fois de plus : d'abord qu'il existe des allusions musicales ; que la musique, en outre, peut avoir ses réticences ou ses retards non moins spirituels que sa précipitation ; qu'elle sait enfin, par les moyens qui lui sont propres, amplifier le comique d'un caractère et donner plus de grandeur et de force à l'esprit.

Autant que Leporello, don Basile en témoigne. Rossini d'abord a fait de Basile une basse profonde, et si, comme on n'en peut douter, cela seul assombrit, élargit encore le personnage, c'est donc que le surcroît d'expression et d'esprit consiste ici dans le timbre, c'est-à-dire dans un élément de pure sonorité. Mais il faut ajouter autre chose : entre toutes les pages spirituelles du *Barbier de Séville*, l'air de *la Calomnie* est peut-être celle où l'esprit musical va le plus loin et pénètre le plus avant. La musique sans doute n'est d'abord que mouvement et verve dans le *crescendo,* — formidable d'ailleurs, — que comporte et même commande le début de la fameuse tirade. On sait avec quel art est préparée l'explosion, avec quelle violence elle se produit.

> Come un colpo di canone,
> Un tremoto, un temporale,
> Un tremoto générale
> Che fa l'aria ribombar !

La musique arrive, — sur ces paroles, — au paroxysme de la sonorité. Mais viennent les paroles suivantes, qui décrivent non plus la marche ni le progrès, mais l'effet de la calomnie, à quoi tombe et se réduit ce grand fracas ? A quelques maigres, misérables notes, admirablement expressives par cette misère et cette maigreur même. *Il meschino calunniato* ! Syllabe par syllabe, la voix lugubre et presque sépulcrale détache, distille les trois mots, surtout le premier. Après le maximum des sons, tout de suite après, en voici le minimum, presque le néant, image de cet autre néant qu'est devenu le misérable. Et c'est, dans l'ordre de la musique, quelque chose d'analogue aux diminutifs injurieux de Shakspeare : « Œuf de pou ! Cri-cri de cheminée ! Aune et trois quarts d'aune ! » Mais déjà les notes, piquées et brèves tout à l'heure, s'allongent et s'appesantissent. Après un léger dédain, c'est un mépris écrasant qu'elles marquent. La musique, disions-nous en commençant, n'est pas méchante. Une fois au moins, cette fois, elle a su l'être, en ce peu de mesures où son esprit est fait d'ironie amère et d'insultante pitié.

C'est l'ironie encore, mais joyeuse et gaîment vengeresse, que respirent les pages les plus spirituelles du *Médecin malgré lui*, de Gounod. Il y a là de l'esprit, nous l'avons déjà vu, dans certaines sonorités imitatives. Il y en a plus encore au premier acte, dans la scène (en trio) du diplôme conféré de force et par les coups. La mélodie insinuante y décrit finement les civilités, les précautions oratoires des chercheurs de médecin. La riposte de Sganarelle : « Médecin vous-même ! » n'aurait, sans la musique, ni tant de vivacité, ni tant d'indignation. Et, lorsque le brave homme se vante de savoir, comme pas un, faire les fagots, le contraste n'est-il pas délicieux entre l'emphase de sa vanterie et l'humilité de sa science ? Comme, après la bastonnade, certaine descente chromatique

indique bien rabaissement, l'anéantissement de la volonté !
Mais tout à coup cette volonté se relève et se ranime. Elle
reparaît sous une figure plus éclatante et plus fière, sous le
personnage, imposé d'abord, de médecin, que Sganarelle,
avec une ironie copieuse et chantante, avec des transports
de joie satirique, se résout, bien plus, s'excite maintenant
lui-même à jouer.

Il exulte, ce personnage, et s'élève au comble du comique
dans le sextuor de la consultation. Sganarelle a pris la main
de la malade et tâté son pouls, dont le cor, en notes inégales,
marque les battemens. Il a formulé son diagnostic. L'orgueil
alors, l'ivresse et comme la folie de la science, même
fausse, l'égaré. Il se croit médecin tout de bon, il l'est peut-
être, et c'est en médecin véritable que, sur un rythme de
tarentelle, avec un brio rossinien, il entonne un chant de
bravoure à la gloire de la profession. Un moment, il
s'arrête : « Entendez-vous le latin ? — En aucune façon. »
Une gamme aussitôt jaillit, comme un éclair de joie. Sur un
trémolo qui gronde et ressemble au tonnerre
accompagnateur des oracles, la fameuse dissertation, à demi
chantée et parlée à demi, se déroule. Elle est à peine
achevée qu'une autre gamme siffle et met le finale en train.
Le vertige de Sganarelle gagne de proche en proche, la
famille de l'ægrotante fait chorus avec le médecin et le
mouvement, le rythme, la tonalité claire, l'orchestre, les
voix, en un mot tous les élémens ou toutes les forces de la
musique, ramassées et « donnant » ensemble, déchaînent et

font souffler en tempête un esprit de verve insolente, de satire et de parodie.

Il y a même, dans la comédie musicale, un trait qui manque à l'autre comédie : je veux parler du chœur des fagoliers, qui se trouve une première fois au premier acte et qui termine la pièce, en guise de conclusion ou de moralité. « Nous faisons tous, chantent les braves gens, nous faisons tous ce que nous savons faire. » Et le rythme lourd et le rude unisson disent bien la besogne modeste, grossière peut-être, mais sincèrement, honnêtement accomplie. L'effet m'a toujours paru d'un comique excellent. C'est quelque chose comme la revanche de la réalité sur l'apparence et de la « fagoterie » légitime sur la médecine usurpée. « L'esprit, a dit l'un de nos écrivains, — de ceux encore qui sont bons juges, — l'esprit est la fleur de l'imagination. » Nous avons déjà vu qu'il peut l'être, même en musique, M. Jules Lemaître ajoute : « Il est la fleur du bon sens. » Et voilà justement ce qu'il est ici.

IV

Il peut être la fleur de la fantaisie et de la folie elle-même. Et, dans la musique de Jacques Offenbach, cette fleur, avec éclat, a fleuri. Elle avait, en des poèmes à la fois burlesques et délicats, trouvé le terrain favorable. Il est très vrai, bien que tout le monde l'ait dit, que l'esprit du théâtre de Meilhac et Halévy, de leur opérette au moins, consiste dans la nouvelle et très piquante opposition d'une bouffonnerie débridée avec une sensibilité, une grâce, une poésie enfin contenue et furtive. C'est de cette antithèse que la musique d'Offenbach a singulièrement renforcé l'énergie.

Offenbach ne s'est pas moqué seulement. Et même il est un sentiment que, dans ses opérettes, les paroles peuvent bien railler, mais dont sa musique n'a pas toujours ri : et ce sentiment est l'amour. La « déclaration » de *la Grande-Duchesse* est sincère ; je sais dans le duo de *la Belle Hélène* quelques accens de passion véritable ; la « lettre » de *la Périchole* sourit à travers des larmes, et c'est un petit chef-d'œuvre de jeune et pure tendresse que la chanson de Fortunio.

D'autres pages ont même un charme de rêverie. Sur la légende, chantée au troisième acte de *la Grande-Duchesse*, du vieux buveur et de son verre brisé, passe un souffle de la *Sehnsucht* allemande. Plus allègre, le duo de la gantière et du bottier (*la Vie parisienne*) est dans le sentiment et le style d'un *ländler*, et telle ou telle valse, prise au hasard, ferait monter aux lèvres la question nostalgique d'Henri Heine : « Madame ! ne sentez-vous pas l'odeur des tilleuls ? » Enfin, je goûte encore plus, pour la mélancolie qui s'en exhale, une page comme l'adieu d'Orphée à ses jeunes élèves ; et surtout, pour sa couleur plaisamment antique, le fameux air de John Styx : *Quand j'étais roi de Béotie* ! délicieuse et falote complainte, qui semble d'une ombre regrettant la vie et l'amour.

Voilà pour le sentiment et la poésie. Mais, à côté, ou plutôt au dedans et comme au cœur de cette poésie des sons, les paroles entretiennent une dérision éternelle. Et quand la musique, à son tour, au lieu de l'atténuer, l'avive et l'exaspère, alors elle atteint au sublime de la caricature ou de la « charge ; » elle enfante ces chefs-d'œuvre cocasses et grandioses : le finale du Sabre dans *la Grande-Duchesse*, celui de *la Belle Hélène (Pars pour la Crète)* ou le galop d'*Orphée aux Enfers*, cette version blasphématoire et sacrilège du Crépuscule des dieux.

L'esprit d'un Offenbach a pour élément un autre contraste encore : celui de la musique avec les sujets, ou les situations, ou les mots qui la comportent le moins, auxquels il semble même que par nature elle répugne. On rapporte qu'Auber disait d'un musicien qu'il trouvait trop sérieux et guindé : « Je l'attends quand il lui faudra faire chanter des chaises et des fauteuils. » Offenbach a fait chanter de moindres objets et de plus médiocres. Non seulement il n'a pas dédaigné, mais il a recherché de parti pris, pour les mettre en musique, les vulgaires incidens et les détails les plus familiers de la vie. « *Nous dînons à sept heures ; nous nous mettons à table vers sept heures,* » dit au berger Paris la fille de Jupiter et de Léda. Et, de cette hôtesse à ce convive, l'invitation, — ne fût-elle que parlée, — serait déjà plaisante ; chantée, elle l'est davantage, et chantée sur un air, sur une mélodie charmante en soi, dont le charme n'est qu'un nouveau paradoxe, un dernier raffinement d'ironie.

Les premières pages de *la Vie parisienne* forment ce qu'on pourrait appeler un tableau de corporation ; tableau musical, avec ces paroles en guise de légende : *Nous sommes employés de la ligne de l'Ouest*. Personne, avant Offenbach, ne s'était avisé de consacrer la moitié d'un finale à des proclamations de cette nature : *Son habit a craqué dans le dos*. Et jamais non plus la crainte de ne pas trouver de fiacre en sortant de la gare Saint-Lazare ne s'était exprimée par un chœur, et par un chœur délicieux.

En écoutant de semblable musique, on pense à la musique même. On la revoit, pour ainsi parler, telle que, dans le cours des siècles, non seulement les grands artistes, mais les grands penseurs aussi l'ont faite. Depuis les Aristote et les Platon jusqu'aux Hegel, aux Carlyle, aux Schopenhauer, ils ont tous défini sa nature supérieure et reconnu son éminente dignité. Elle commence, ont-ils dit, où finit la parole ; elle exprime l'ineffable. Dédaigneuse des particularités et des contingences, sans autre objet que le général ou le « purement humain, » elle exprime le sentiment dans son essence, et l'âme, que les autres arts ne surprennent que voilée, se révèle directement par les sons. Autant que les philosophes, les savans ont honoré dans la musique la beauté mystérieuse et divine des nombres, et le moraliste, étudiant ses *éthos* divers, a pu dénoncer et saluer tour à tour en elle une conseillère, une ouvrière même de nos faiblesses et de nos vertus.

Et voilà qu'un jour, de la sérieuse Allemagne, le musicien de la parodie et de la farce est arrivé parmi nous. Il a fait descendre la musique de ses fonctions augustes à de burlesques emplois. Il lui a donné pour compagne, la plus bouffonne, la plus folle poésie, et l'esprit encore, l'esprit impertinent, même impie, a jailli de cette association ou plutôt de ce désaccord.

Mais ce musicien était un musicien véritable et c'est musicalement qu'il s'est moqué de la musique elle-même. Je dis : musicien véritable, et j'ajouterais volontiers : musicien classique. Rossini ne plaisantait qu'à moitié quand il envoyait à l'auteur d'*Orphée aux Enfers* sa photographie avec cette dédicace : « Au Mozart des Champs-Elysées. » Offenbach eut toujours pour les maîtres allemands de la forme pure une presque filiale tendresse. Chef d'orchestre au Théâtre-Français, il égayait avec les menuets de Haydn les entr'actes de Racine ou de Corneille. Directeur et fournisseur des Bouffes-Parisiens, entre deux de ses opérettes il en faisait jouer deux de Mozart : *l'Oie du Caire* et *l'Impresario*, afin de se couvrir lui-même et de se justifier.

> Comme avec irrévérence
> Parle des dieux ce maraud !

Oui, même des dieux de la musique ; mais il parle d'eux, en empruntant leur langage, ne fût-ce que pour le contrefaire, et son irrévérence témoigne encore de son admiration et de son amour.

Offenbach use rarement du procédé, facile et tout extérieur, qui consiste dans l'adaptation à des circonstances et à des paroles d'opérette, de quelque passage — populaire — d'un opéra. Avec plus de malice, il tire la parodie ou la caricature musicale de plus loin et des élémens essentiels de la musique même : rythme, déclamation, développement symphonique ou mélodie. Le comique de *Bu qui s'avance* ! résulte en partie d'une accentuation à contresens, à contre-bon sens. Le même *Bu qui s'avance* ! ou le finale : *Voici le sabre* ! de *la Grande-Duchesse*, est, au point de vue de la conduite générale, une espèce de folie organisée, où le sérieux de l'ordonnance, de l'architecture sonore n'a d'égal que le burlesque des idées. Toujours dans le *Bu qui s'avance* ! plus encore dans le *Pars pour la Crète* ! on ne sait qu'admirer davantage : l'abondance et la verve des mélodies, la logique, voire la nécessité suivant laquelle elles s'enchaînent et procèdent les unes des autres, ou l'entrain, la rigueur et comme l'urgence croissante du rythme, qui fait de ce finale une des plus réjouissantes expressions musicales de l'impératif catégorique et du devoir absolu.

Mélodiste enfin, mélodiste intarissable, Offenbach est un mélodiste souvent trivial, canaille s'il le faut, toujours spirituel, banal rarement et quelquefois délicieux. Il n'emploie que les modulations et les cadences classiques ; il excelle, pour éviter une chute vulgaire, à trouver des biais ingénieux.

Ainsi dans son œuvre, à chaque page, on surprend d'ironiques apparences, des ressemblances ou des rappels équivoques, à demi sérieux, insolens à demi. « Le nez de Cléopâtre, s'il eût été plus long… » Qu'une note également soit plus longue, ou plus brève ; qu'un accent porte à faux ; qu'un mouvement se hâte ou se ralentisse, et l'ordre de la musique est changé ; l'autre face du monde se révèle et le pas du sublime au ridicule est franchi. Je sais, dans *la Périchole*, une de ces rencontres, volontaires ou fortuites, et qui laissent à penser. Rien n'est plus facile que de chanter sur l'accompagnement de la fameuse « Lettre » le duo d'amour de *la Flûte enchantée*. Dans le rythme, dans les harmonies familières, l'exquise mélodie se trouve contenue et cachée. Une affinité de ce genre nous déconcerte et vaguement nous inquiète. Elle nous avertit que le domaine de l'idéal est flottant et sa limite incertaine. Entre Offenbach et Mozart, de la chanson gentille à l'immortelle mélodie, qu'il y ait autant de distance et si peu, voilà peut-être l'ironie suprême de cette musique et sa plus spirituelle leçon.

V

Fleur de l'imagination, du bon sens ou de la folie, l'esprit enfin peut se définir une certaine façon, légère, aisée et brillante de sentir la vie et de prendre les choses. Or, il s'est trouvé des musiciens qui les ont prises, le plus souvent ou toujours, de cette façon-là.

Auber fut l'un d'entre eux. « Faire chanter les chaises et les fauteuils : » ce mot du maître, que nous citions plus haut, est bien la devise ou le programme de son art ; il définit la gageure que, pendant un demi-siècle, Auber a tenue et gagnée. Spirituel avec moins d'outrance qu'un Offenbach, un Auber a pourtant mis en musique des choses peu musicales, ou « musicables : » des faits, des événemens, des aventures beaucoup plus que des sentimens ou des âmes. Et quelles étonnantes aventures ! Voilà un musicien qui n'a jamais cru que « le purement humain » fût l'objet ou le domaine véritable de la musique. Aussi bien son librettiste ordinaire ne le croyait pas davantage. Il y a des jours où soi-même, avec eux, on en doute, où volontiers on reprendrait pour son propre compte cette boutade de Weiss : « Au fond, pensez-en ce qu'il vous plaira. Si je suis ma pente, il n'y a jamais eu pour moi qu'un auteur parfait : c'est Scribe, qui a marié tant d'officiers de fortune avec des princesses belles comme le jour, tant de modistes avec des princes palatins, tant de comédiennes avec des ambassadeurs tout honteux de leur petit mérite, sans compter les ambassadeurs sacrifiés au premier ténor par des comédiennes désintéressées. Je ne suis pas exclusif. Je conviens que *l'Enéide* a de belles parties. Je ne dis pas qu'on ne peut s'enchanter de *l'Odyssée…* Mais si l'on me demande quel ; est le chef-d'œuvre des chefs-d'œuvre, je ne connais rien qui approche, même de loin, du merveilleux poème de Scribe où l'on voit la reine de Portugal épouser, au son des fanfares d'Auber, un jeune hidalgo, sans sou ni maille, qu'elle a rencontré en voyage, un jour de pluie, abrité sous le même rocher qu'elle. »

Telle est, sauf de légères variantes, la vision, ou la conception de l'idéal et de la vie qu'Auber et Scribe ont toujours eue. Voilà les héros et les héroïnes, voilà les destins que la musique d'Auber a chantés. Comment voudriez-vous qu'elle ne se moquât point, que même elle fît autre chose que se moquer ? Weiss parlait tout à l'heure de l'amour et du mariage tel qu'Auber et Scribe l'entendaient. Mais rien, dans leur étonnant répertoire, fut-il jamais plus sérieusement traité ? Ce n'est pas la nature : témoin, dans *Haydée*, le finale, — en forme de valse, — de l'arrivée à Venise. Croyez-vous que ce soit « la royauté ? » Je vous rappellerais alors la souveraine des *Diamans de la Couronne* et, au dernier acte, quand elle se retrouve elle-même, la distinction, la majesté de ses « motifs » royaux. Sentimens, personnages, Auber a tout vu, tout pris par les plus petits côtés, par ceux dont on ne fait que sourire. Le nom même de certaines de ses œuvres semble une ironie. *La Fiancée, la Sirène, Actéon,* manquent en quelque sorte ou mentent à la poésie, aux promesses mystérieuses de leur titre.

Souvent un amant
Ment
En offrant sa foi ;
Moi,
Fidèle en amours
Je serai toujours.

Ce sont les paroles du « grand air » d'*Actéon* ; et la musique leur ressemble. Ailleurs, partout ailleurs, on en chante bien d'autres : ceci, par exemple, dans les *Diamans de la Couronne* :

> La señora veut-elle, — sur sa table, —
> Qu'on lui serve son chocolat ?

Et voilà que nous retrouvons, — à propos d'un repas, comme dans *la Belle Hélène*, — l'antithèse, ou le paradoxe poético-musical qui faisait la joie d'Offenbach. Auber y prend un plaisir non moins vif, un peu plus relevé seulement. Pour le soutenir, il prodigue, il gaspille en mélodies, en rythmes, en sonorités d'une précision grêle et d'une sécheresse élégante, cet esprit français dont on a très bien dit un jour, et justement à propos d'Auber : « Il sait, à force de bon sens et de bonne grâce, donner à l'idéal lui-même une signification pratique et nette, à la pensée poétique un tour délicatement familier[3]. » Aussi bien le maître du *Domino noir* et même de *la Muette* ne prétendait pas davantage. On rapporte qu'après les journées de Février, Ledru-Rollin, alors ministre, recevant le directeur du Conservatoire, lui rappela le succès de *la Muette* : « Monsieur Auber, lui dit-il, vous ne pensiez écrire qu'un chef-œuvre et vous avez fait une révolution : 1830 et ses trois immortelles journées. — Monsieur le ministre, répondit Auber, je ne voudrais pas vous ôter une illusion qui m'est si favorable ; mais permettez-moi d'avoir moins d'orgueil pour mon enfant et de penser que, si l'Opéra avait donné ce soir-là *Blaise et Babet*, la révolution aurait eu lieu tout de même. »

Ne croyons pas à la musique d'Auber plus qu'Auber le premier n'y croyait : elle n'était pour lui qu'un jeu. Sans doute, mais un jeu spirituel, et dont certaine musique aujourd'hui, qui s'efforce et se travaille, a de quoi raviver en nous le goût et le regret.

N'est-ce pas encore un jeu, mais grandiose et comme divin, tant il a d'éclat et de puissance, que certaine musique de Rossini ? Je sais dans *Otello*, jusque dans *Guillaume Tell*, des pages qui devraient être sérieuses, terribles même, où l'esprit affleure, où pointe et perce l'ironie. Les soldats de Gessler ont enchaîné Guillaume condamné à périr, et sur ces paroles : *Ah ! c'est sa mort qu'on prépare*, indéfiniment répétées par Mathilde, puis reprises en chœur, le plus aimable des finales se déroule. Sur quel thème encore se prépare et s'accomplit, ou peu s'en faut, une autre mort, celle de Desdemona ? Sur le thème railleur, sinon goguenard, de l'air de *la Calomnie*, lequel fournit ainsi l'épisode le plus pathétique, ou soi-disant tel, du dernier duo d'*Otello*. Faut-il penser que Rossini, voulant représenter un effet tragique de la calomnie, ne trouva rien de mieux que de rappeler le motif célèbre dont il avait fait l'expression ou le symbole de la calomnie elle-même ?

L'allusion, ou la plaisanterie musicale, serait d'assez mauvaise grâce. Je croirais plus volontiers qu'il n'y a là qu'une rencontre fortuite. Elle trahit du moins, par un signe involontaire, mais authentique, ce que nous appelions tout à l'heure une certaine manière, — plutôt gaie, — de prendre les choses, la vie, et, au besoin, la mort. S'il vous plaît de sentir ce que cette manière a de plus large, de plus copieux chez un Rossini que chez un Auber, écoutez le grand finale du *Barbier de Séville*, ce chœur à l'unisson, roulant comme un tonnerre, où la maréchaussée apporte soudain son concours aussi puissant qu'inattendu. Vous aurez alors l'impression que l'esprit s'étend, s'accroît à Tin fini, et que ce n'est plus seulement le cas où l'aventure de quelques personnages, mais l'humanité même et le monde entier, qui devient un objet de rire et de moquerie.

Rossini, d'ailleurs, a traité son génie comme son génie traitait le plus souvent les êtres et les choses : en riant. C'est en riant qu'il le suivait ; un jour, en riant encore, il prit congé de lui pour jamais. Parmi les grands artistes, il y en a qui sont au-dessous de leur œuvre ; d'autres, au contraire, la dominent. Et cette domination peut être de deux sortes : l'une, de beaucoup la plus noble, s'exerce par le cœur, par un amour du beau que rien n'assouvit ni ne rebute ; l'autre consiste dans le scepticisme, l'ironie et le dédain. C'est la manière la plus spirituelle ; et ce fut celle de Rossini.

Spirituelle aussi, mais avec plus de bonhomie et de cordialité, fut la manière de Haydn. « La gaîté, l'hilarité naturelle, a très bien dit Stendhal, ne permirent jamais à une certaine tristesse tendre d'approcher de cette âme heureuse et calme. » Le « père de la symphonie, » comme on l'appelle quelquefois, engendra dans la joie cette fille charmante. Aucune musique ne trahit comme celle de Haydn, et par des chefs-d'œuvre plus aimables, un parti pris de bienveillance, d'humeur accommodante et légère. Dites par Haydn, les choses les plus simples deviennent exquises, ou plutôt il semble toujours, à l'entendre, qu'il n'y ait au monde, dans l'ordre de la pensée comme du sentiment, que des choses simples, unies entre elles par d'ingénieux et faciles rapports. Prenez un thème au hasard dans une sonate ou dans une symphonie de Haydn. Vous y trouverez de l'esprit assurément, peut-être rien que de l'esprit. Plus tard, chez Beethoven, surtout chez le Beethoven de la première manière, il se peut que vous rencontriez un motif analogue. Mais cette idée, dont la grâce, dont l'enjouement extérieur suffisait à Haydn, Beethoven aussitôt la développe et la creuse ; il assombrit le regard, il éteint le sourire, et fait en quelque manière dévier l'esprit du côté de la passion et de la douleur.

Et pourtant Beethoven lui-même a parfois de l'esprit : un esprit qui consiste en une sorte d'humour fantasque, rude, presque farouche. Dans sa vie et dans son œuvre, on en trouve plus d'un éclat. À je ne sais quel riche et sot personnage qui avait fait suivre son nom de ce titre : *Gutbesitzer* (possesseur d'un domaine), Beethoven répondit en ajoutant à sa propre signature : *Hirnbesitzer* (possesseur d'un cerveau). Dans son remarquable ouvrage sur les neuf symphonies, Grove a raconté l'histoire de Beethoven arrivant pour souper chez des amis un soir d'orage et secouant sur les convives à table son grand chapeau ruisselant de pluie. C'est ainsi qu'il badinait. Et son génie parfois a de ces gaîtés. Le trio de la *Symphonie pastorale*, d'une si puissante et si rustique trivialité ; celui de l'*ut* mineur, où gambadent les contrebasses ; le finale de la symphonie en *la*, « où le rythme célèbre ses orgies ; » celui de la huitième symphonie, plein d'à-coups, de horions et de bourrades, tout cela ressemble aux ébats de quelque géant en belle humeur. Oui, mais au fond en humeur sombre aussi. Il arrive souvent que l'esprit de 'Beethoven est pour ainsi dire à base de mélancolie, même de colère. C'est que le maître alors voit son génie et sa misère, son âme et son destin ; et, sentant la tragique ironie du contraste, avec amertume et presque avec des sanglots, il en rit.

Enfin, il est un homme, un jeune homme, et presque divin, sur l'œuvre de qui l'esprit flotte comme un sourire. Avant même que je le nomme, vous avez reconnu Mozart. L'idéal de Mozart a ceci de particulier, je dirai même d'unique, qu'il est mêlé d'esprit et de sensibilité, et je n'en sais pas un autre où ce mélange ait un parfum plus exquis, un goût plus délicieux.

En paroles, ou du moins par correspondance, il ne semble pas que Mozart ait été fort spirituel. Un jour, il s'avise d'écrire à rebours. D'autres fois, il s'amuse à des jeux de mots, à des allitérations dont le comique nous laisse calmes. Voici, par exemple, le début d'un billet à l'une de ses cousines : « Chère petite cousine, voisine. J'ai reçu exactement votre épître qui a tant de prix pour moi, émoi, et j'ai appris par elle, ritournelle, que Monsieur mon oncle, furoncle, et Madame ma tante, charmante, et vous-même, blême, vous vous portez tous très bien, bien[4]. » En musique, il a certainement trouvé des assonances plus rares et plus piquantes. Mais ce que ses lettres mêmes révèlent, c'est justement l'idéal en quelque sorte partagé dont nous parlions plus haut ; c'est on ne sait quelle souriante mélancolie, que sa musique, à lui seul, a respirée. Ecrivant de Paris, où sa mère venait de mourir, à son père et à sa sœur, après les plaintes les plus touchantes, les plus nobles même et les plus courageuses, après les tendres assurances d'une affection que son chagrin redoublait encore, Mozart poursuit en ces termes : « J'ai reçu exactement votre lettre du 29… et je n'ai pu m'empêcher de rire de tout mon cœur. » De quoi donc ? de la mésaventure d'un organiste ivrogne, rapportée à Mozart par son père, et ce Irait innocent avait suffi pour égayer l'enfant orphelin et malheureux.

Δαϰρυόεν γελόσασα (Daskuoen gelosasa), « riant à travers ses larmes. » Le mot du vieux poète définirait assez bien le génie du musicien éternellement jeune. « Oh ! pour du sentiment, c'est un jeune homme qui… » Suzanne pourrait le dire de Mozart comme de Chérubin. On sait que la musique de Mozart n'a pas seulement purifié, mais attendri la comédie de Beaumarchais ; y laissant tout ce qui brille, elle en a retiré tout ce qui blesse. Il suffit de comparer l'une à l'autre les deux partitions du *Barbier de Séville* et des *Noces de Figaro* pour reconnaître aussitôt ce que l'esprit a de plus sec et de plus aigu chez Rossini, chez Mozart de plus moelleux et de plus rond. Il n'est pas un personnage de Beaumarchais que Mozart n'ait transfiguré. Sans parler de Chérubin, qu'il a presque divinisé, ni de la rêveuse comtesse, quelle langueur, qu'il trouble n'a-t-il pas su prêter à Suzanne, soit qu'elle badine avec le comte, soit que, sous les grands marronniers, elle l'attende, elle l'appelle, et d'une voix qu'elle-même ne se connaissait pas ! Sans parler de Chérubin, disions-nous. Parlons de lui, au contraire, ne fût-ce qu'en deux mots ; pour rappeler, non pas dans ses deux fameux airs, mais à la fin de son alerte *duetto* avec Suzanne, quand il va sauter par la fenêtre, une demi-mesure mineure, une ombre qui ne fait que passer, mais qui passe. Ainsi l'esprit de Mozart, sans, être la dupe du cœur, en ressent le voisinage et l'influence.

Il anime, cet esprit, outre les *Noces de Figaro* presque tout entières, une bonne moitié de *Don Giovanni, dramma giocoso*. Il s'y mêle à l'amour, parfois même à la mort. Il y fleurit jusqu'à la pierre des tombeaux dans la scène héroï-comique du cimetière, où, sans une note insolente, encore moins sacrilège, la musique, qui se moque du poltron, ne prend point parti pour l'impie. Même opposition ou plutôt même conciliation et même harmonie dans la scène du bal. Les trois masques font leur entrée aux sons d'un *allegro* mineur, sérieux, sinon pathétique par le mode, mais, par le mouvement, spirituel et presque joyeux. Le motif du menuet qui précède, tragique et sombre lorsqu'il fait escorte aux mystérieux compagnons, n'est que délicieux de courtoisie, d'élégance et d'esprit sur les lèvres de don Juan et de Leporello. Que dire enfin de la sérénade, que n'ait dit le poète qui l'a le mieux comprise. N'est-ce pas d'abord une ironie, presque une dérision de l'amour même, que la destination de ces deux couplets, et pour un tel « objet » un tel chant !

> Respirant la douleur, l'amour et la tristesse ;
> Comme il est vif, joyeux ! Avec quelle prestesse
> Il sautille ? On dirait que la chanson caresse
> Et couvre de langueur le perfide instrument,
> Tandis que l'air moqueur de l'accompagnement
> Tourne en dérision la chanson elle-même
> Et semble la railler d'aller si tristement.
> Tout cela cependant fait un plaisir extrême.
> C'est que tout en est vrai, c'est qu'on trompe et qu'on aime,
> C'est qu'on pleure en riant…

Et c'est le double sentiment, c'est toute la vérité de la sérénade, et de *Don Juan*, et de la musique de Mozart, et de la vie elle-même. C'est ainsi que le maître l'a vue et qu'il l'a prise. Elle lui fut amère, atroce parfois ; mais il ne se vengea d'elle que par des sourires, et l'esprit de Mozart fut la forme exquise de son courage, la fleur la plus brillante de sa vertu.

VI

Esprit des Mozart ou des Haydn, des Auber ou des Rossini, voire des Offenbach ; esprit de mouvement et d'intrigue, esprit d'observation et de psychologie, ou de caricature ; esprit qui n'est qu'un jeu de sons, comme ailleurs il est un jeu de mots ; esprit, heureuse vision des êtres et des choses ; tout esprit et tout l'esprit menace de se retirer de notre art. L'opéra bouffe italien a vécu ; l'opéra-comique de France n'est plus qu'un souvenir. La musique se tourmente et nous tourmente chaque jour davantage ; de plus en plus, elle fait mentir la parole du philosophe : « Ce qui est beau est facile et le génie a les pieds légers. » L'artiste, qui naguère se jouait dans son œuvre, s'y embarrasse et s'y perd aujourd'hui. Il la dominait, elle l'accable et surtout elle le guindé et le raidit. Pour la musique une moitié du monde et de la vérité s'est voilée. Sans doute ce n'est pas la plus noble, mais c'est la plus brillante, et sur elle il ne faut pas laisser descendre la nuit. Qui donc a dit que la musique d'un peuple est faite des larmes qu'il a répandues ? Belle parole, mais qui n'est juste qu'à demi. Le rire de l'homme compte aussi dans son patrimoine de beauté. Il le savait bien, le vieux maître d'Italie, le grand tragique, le grand patient, qui voulut avant de mourir être une fois le grand rieur, et nous laissa

Falstaff, un chef-d'œuvre d'esprit et de joie, comme le dernier de ses dons et peut-être le plus précieux.

Ici même, à propos d'un peintre italien de la Suisse, M. Robert de la Sizeranne écrivait éloquemment : « Quand on trotte le soir, en voiture, dans la montagne, une des impressions les plus subtilement évocatrices qu'on puisse recueillir est d'entendre l'angélus tintant d'un clocher lointain et égrenant ses sons graves à travers le bruit du grelot des chevaux. Celui qui passe distraitement entend rire les grelots. Celui qui prête l'oreille entend pleurer la cloche. Et c'est toute la peinture de ce maître et c'est toute la musique de la vie. »

Soyons l'un et l'autre passant. Tâchons de comprendre, de sentir, d'aimer toute la musique et que jamais aucune voix ne se taise, ni celle de la cloche, ni celle des grelots.

CAMILLE BELLAIGUE.

1. ↑ Voir l'article de M. Paulhan dans la Revue du 15 août 1897.
2. ↑ Molière, *Don Juan.*
3. ↑ Vicomte H. Delaborde (*Éloge d'Auber*).
4. ↑ Traduction de M. H. de Curzon.